MANIFESTE

A L'EUROPE

PAR

LAMARTINE.

PRIX : 5 CENTIMES.

PARIS.

PAGNERRE, ÉDITEUR,

RUE DE SEINE, 14 BIS.

—

1848

Paris. — Imprimerie de SCHNEIDER, rue d'Erfurth, 1.

MANIFESTE A L'EUROPE.

Circulaire du Ministre des Affaires étrangères aux Agents diplomatiques de la République française.

Monsieur,

Vous connaissez les événements de Paris, la victoire du peuple, son héroïsme, sa modération, son apaisement, l'ordre rétabli par le concours de tous les citoyens, comme si, dans cet interrègne des pouvoirs visibles, la raison générale était à elle seule le Gouvernement de la France.

La révolution française vient d'entrer ainsi dans sa période définitive. La France est République : la République française n'a pas besoin d'être reconnue pour exister. Elle est de droit naturel, elle est de droit national. Elle est la volonté d'un grand peuple qui ne demande son titre qu'à lui-même. Cependant, la République française désirant entrer dans la famille des gouvernements institués comme une puissance régulière, et non comme un phénomène perturbateur de l'ordre européen, il est convenable que vous fassiez promptement connaître au gouvernement près duquel vous êtes accrédité les principes et les tendances qui dirigeront désormais la politique extérieure du Gouvernement français.

La proclamation de la République française n'est un acte d'agression contre aucune forme de gouvernement dans le monde. Les formes de gouvernement ont des diversités aussi légitimes que les diversités de caractère, de situation géographique et de développement intellectuel, moral et matériel chez les peuples. Les nations ont, comme les individus, des âges différents. Les principes qui les régissent ont des phases successives. Les gouvernements monarchiques, aristocratiques, constitutionnels, républicains, sont l'expression de ces différents degrés de maturité du génie des peuples. Ils demandent plus de liberté à mesure qu'ils se sentent capables d'en supporter davantage ; ils demandent plus d'égalité et de démocratie à mesure qu'ils sont inspirés par plus de justice et d'amour pour le peuple. Question de temps. Un peuple se perd en devançant l'heure de cette maturité, comme il se déshonore en la laissant échapper sans la saisir. La monarchie et la république ne sont pas, aux yeux des véritables hommes d'Etat, des principes absolus qui se combattent à mort; ce sont des faits qui se contrastent et qui peuvent vivre face à face, en se comprenant et en se respectant.

La guerre n'est donc pas le principe de la République française, comme elle en devint la fatale et glorieuse nécessité en 1792. Entre 1792 et 1848, il y a un demi-siècle. Revenir, après un demi-siècle, au principe de 1792 ou au principe de conquête de l'empire, ce ne serait pas avancer, ce serait rétrograder dans le temps. La révolution d'hier est un pas en avant, non en arrière. Le monde et nous, nous voulons marcher à la fraternité et à la paix.

Si la situation de la République française, en 1792, expliquait la guerre, les différences qui existent entre cette époque de notre histoire et l'époque où nous sommes expliquent la paix. Ces différences, appliquez-vous à les comprendre et à les faire comprendre autour de vous.

En 1792, la nation n'était pas une.
Deux peuples existaient sur un même sol.
Une lutte terrible se prolongeait encore
entre les classes dépossédées de leurs privi-
léges et les classes qui venaient de conqué-
rir l'égalité et la liberté. Les classes dépossédées s'unissaient avec la royauté captive
et avec l'étranger jaloux pour nier sa révolution à la France, et pour lui réimposer la
monarchie, l'aristocratie et la théocratie
par l'invasion. Il n'y a plus de classes dis-
tinctes et inégales aujourd'hui. La liberté a
tout affranchi. L'égalité devant la loi a tout
nivelé. La fraternité, dont nous proclamons
l'application et dont l'assemblée nationale
doit organiser les bienfaits, va tout unir. Il
n'y a pas un seul citoyen en France, à
quelque opinion qu'il appartienne, qui ne
se rallie au principe de la patrie avant tout,
et qui ne la rende, par cette union même,
inexpugnable aux tentatives et aux inquié-
tudes d'invasion.

En 1792, ce n'était pas le peuple tout
entier qui était entré en possession de son
gouvernement : c'était la classe moyenne
seulement qui voulait exercer la liberté et
en jouir. Le triomphe de la classe moyenne

alors était égoïste, comme le triomphe de toute oligarchie. Elle voulait retenir pour elle seule les droits conquis par tous. Il lui fallait pour cela opérer une diversion forte à l'avénement du peuple, en le précipitant sur les champs de bataille, pour l'empêcher d'entrer dans son propre gouvernement. Cette diversion, c'était la guerre. La guerre fut la pensée des *monarchiens* et des *Girondins*; ce ne fut pas la pensée des démocrates plus avancés, qui voulaient, comme nous, le règne sincère, complet et régulier du peuple lui-même, en comprenant dans ce nom toutes les classes, sans exclusion et sans préférence, dont se compose la nation.

En 1792, le peuple n'était que l'instrument de la révolution, il n'en était pas l'objet. Aujourd'hui la révolution s'est faite par lui et pour lui. Il est la révolution elle-même. En y entrant, il y apporte ses besoins nouveaux de travail, d'industrie, d'instruction, d'agriculture, de commerce, de moralité, de bien-être, de propriété, de vie à bon marché, de navigation, de civilisation enfin, qui sont tous des besoins de paix! Le peuple et la paix, c'est un même mot.

En 1792, les idées de la France et de l'Europe n'étaient pas préparées à comprendre et à accepter la grande harmonie des nations entre elles, au bénéfice du genre humain. La pensée du siècle qui finissait n'était que dans la tête de quelques philosophes. La philosophie est populaire aujourd'hui. Cinquante années de liberté de penser, de parler et d'écrire, ont produit leur résultat. Les livres, les journaux, les tribunes ont opéré l'apostolat de l'intelligence européenne. La raison rayonnant de partout, par-dessus les frontières des peuples, a créé entre les esprits cette grande nationalité intellectuelle qui sera l'achèvement de la révolution française et la constitution de la fraternité internationale sur le globe.

Enfin, en 1792, la liberté était une nouveauté, l'égalité était un scandale, la République était un problème. Le titre des peuples, à peine découvert par Fénélon, Montesquieu, Rousseau, était tellement oublié, enfoui, profané par les vieilles traditions féodales, dynastiques, sacerdotales, que l'intervention la plus légitime du peuple dans ses affaires paraissait une monstruosité aux hommes d'Etat de l'ancienne école. La démocratie faisait trembler à la fois les trônes et les fondements des sociétés. Aujourd'hui les trônes et les peuples se sont habitués au mot, aux formes, aux agitations régulières de la liberté exercée dans des proportions diverses presque dans tous les Etats, même monarchiques. Ils s'habitueront à la République, qui est sa forme complète chez les nations plus mûres. Ils reconnaîtront qu'il y a une liberté conservatrice ; ils reconnaîtront qu'il peut y avoir dans la République, non-seulement un ordre meilleur, mais qu'il peut y avoir plus d'ordre véritable dans ce gouvernement de tous pour tous, que dans le gouvernement de quelques-uns pour quelques-uns.

Mais en dehors de ces considérations désintéressées, l'intérêt seul de la consolidation et de la durée de la République inspirerait aux hommes d'Etat de la France des pensées de paix. Ce n'est pas la patrie qui court les plus grands dangers dans la guerre, c'est la liberté. La guerre est

presque toujours une dictature. Les soldats oublient les institutions pour les hommes. Les trônes tentent les ambitieux. La gloire éblouit le patriotisme. Le prestige d'un nom victorieux voile l'attentat contre la souveraineté nationale. La République veut de la gloire, sans doute, mais elle la veut pour elle-même, et non pour des César ou des Napoléon !

Ne vous y trompez pas, néanmoins ; ces idées que le Gouvernement provisoire vous charge de présenter aux puissances comme gage de sécurité européenne, n'ont pas pour objet de faire pardonner à la République l'audace qu'elle a eue de naître ; encore moins de demander humblement la place d'un grand droit et d'un grand peuple en Europe ; elles ont un plus noble objet : faire réfléchir les souverains et les peuples, ne pas leur permettre de se tromper involontairement sur le caractère de notre révolution ; donner son vrai jour et sa physionomie juste à l'événement, donner des gages à l'humanité enfin, avant d'en donner à nos droits et à notre honneur, s'ils étaient méconnus ou menacés.

La République française n'intentera donc

la guerre à personne. Elle n'a pas besoin
de dire qu'elle l'acceptera, si on pose des
conditions de guerre au peuple français. La
pensée des hommes qui gouvernent en ce
moment la France est celle-ci : Heureuse la
France si on lui déclare la guerre, et si on
la contraint ainsi à grandir en force et en
gloire, malgré sa modération ! Responsabi-
lité terrible à la France si la République déclare elle-même la guerre sans y être provoquée ! Dans le premier cas, son génie mar-
tial, son impatience d'action, sa force
accumulée pendant tant d'années de paix,
la rendraient invincible chez elle, redou-
table peut-être au delà de ses frontières.
Dans le second cas, elle tournerait contre
elle les souvenirs de ses conquêtes, qui dés-
affectionnent les nationalités, et elle com-
promettrait sa première et sa plus univer-
selle alliance : l'esprit des peuples et le
génie de la civilisation.

D'après ces principes, monsieur, qui sont
les principes de la France de sang-froid,
principes qu'elle peut présenter sans crainte
comme sans défi à ses amis et à ses enne-
mis, vous voudrez bien vous pénétrer des
déclarations suivantes :

Les traités de 1815 n'existent plus en droit aux yeux de la République française ; toutefois les circonscriptions territoriales de ces traités sont un fait qu'elle admet comme base et comme point de départ dans ses rapports avec les autres nations.

Mais, si les traités de 1815 n'existent plus que comme faits à modifier d'un accord commun, et si la République déclare hautement qu'elle a pour droit et pour mission d'arriver régulièrement et pacifiquement à ces modifications, le bon sens, la modération, la conscience, la prudence de la République existent, et sont pour l'Europe une meilleure et plus honorable garantie que les lettres de ces traités si souvent violés ou modifiés par elle.

Attachez-vous, monsieur, à faire comprendre et admettre de bonne foi cette émancipation de la République des traités de 1815, et à montrer que cette franchise n'a rien d'inconciliable avec le repos de l'Europe.

Ainsi, nous le disons hautement : si l'heure de la reconstruction de quelques nationalités opprimées en Europe, ou ailleurs, nous paraissait avoir sonné dans les décrets de la Providence; si la Suisse, notre fidèle alliée depuis François Ier, était contrainte ou menacée dans le mouvement de croissance qu'elle opère chez elle pour prêter une force de plus au faisceau des gouvernements démocratiques; si les Etats indépendants de l'Italie étaient envahis; si l'on imposait des limites ou des obstacles à leurs transformations intérieures ; si on leur contestait à main armée le droit de s'allier entre eux pour consolider une patrie italienne, la République française se croirait en droit d'armer elle-même pour protéger ces mouvements légitimes de croissance et de nationalité des peuples.

La République, vous le voyez, a traversé du premier pas l'ère des proscriptions et des dictatures. Elle est décidée à ne jamais voiler la liberté au dedans. Elle est décidée également à ne jamais voiler son principe démocratique au dehors. Elle ne laissera mettre la main de personne entre le rayonnement pacifique de sa liberté et le regard des peuples. Elle se proclame l'alliée intellectuelle et cordiale de tous les droits, de tous les progrès, de tous les développements légitimes d'institutions des

nations qui veulent vivre du même principe
que le sien. Elle ne fera point de propa-
gande sourde ou incendiaire chez ses voi-
sins. Elle sait qu'il n'y a de libertés du-
rables que celles qui naissent d'elles-mêmes
sur leur propre sol. Mais elle exercera, par
la lueur de ses idées, par le spectacle d'ordre et de paix qu'elle espère donner au
monde, le seul et honnête prosélytisme,
le prosélytisme de l'estime et de la sym-
pathie. Ce n'est point là la guerre, c'est
la nature. Ce n'est point là l'agitation de
l'Europe, c'est la vie. Ce n'est point là in-
cendier le monde, c'est briller de sa place
sur l'horizon des peuples pour les devancer
et les guider à la fois.

Nous désirons, pour l'humanité, que la
paix soit conservée. Nous l'espérons même.
Une seule question de guerre avait été posée, il y a un an, entre la France et l'An-
gleterre. Cette question de guerre, ce n'é-
tait pas la France républicaine qui l'avait
posée, c'était la dynastie. La dynastie em-
porte avec elle ce danger de guerre qu'elle
avait suscité pour l'Europe par l'ambition
toute personnelle de ses alliances de famille
en Espagne. Ainsi cette politique domes-

tique de la dynastie déchue, qui pesait depuis dix-sept ans sur notre dignité nationale, pesait en même temps, par ses prétentions à une couronne de plus à Madrid, sur nos alliances libérales et sur la paix. La République n'a point d'ambition; la République n'a point de népotisme. Elle n'hérite pas des prétentions d'une famille. Que l'Espagne se régisse elle-même; que l'Espagne soit indépendante et libre. La France, pour la solidité de cette alliance naturelle, compte plus sur la conformité de principes que sur les successions de la maison de Bourbon!

Tel est, monsieur, l'esprit des conseils de la République; tel sera invariablement le caractère de la politique franche, forte et modérée que vous aurez à représenter.

La République a prononcé en naissant, et au milieu de la chaleur d'une lutte non provoquée par le peuple, trois mots qui ont révélé son âme et qui appelleront sur son berceau les bénédictions de Dieu et des hommes : *Liberté, égalité, fraternité.* Elle a donné le lendemain, par l'abolition de la peine de mort en matière politique, le véritable commentaire de ces trois mots au dedans; donnez-leur aussi leur véritable commentaire au debors. Le sens de ces trois mots appliqués à nos relations extérieures est celui-ci : affranchissement de la France des chaînes qui pesaient sur son principe et sur sa dignité ; récupération du rang qu'elle doit occuper au niveau des grandes puissances européennes ; enfin, déclaration d'alliance et d'amitié à tous les peuples. Si la France a la conscience de sa part de mission libérale et civilisatrice dans le siècle, il n'y a pas un de ces mots qui signifie *guerre*. Si l'Europe est prudente et juste, il n'y a pas un de ces mots qui ne signifie *paix*.

Recevez, monsieur, l'assurance de ma considération très-distinguée.

LAMARTINE,

Membre du Gouvernement provisoire de la République française et ministre des affaires étrangères.